자네 밥은 먹었는가

−카툰으로 읽는 벽암록−

배종훈 글 · 그림

정우서적

여는 말

　불교만화를 그리겠노라 결심한 것은 한참 사찰을 찾아다니며 사진을 찍고 불교미술과 역사에 관심을 갖고 있을 때였습니다. 책을 찾아 대형서점에 나가 보니 불교서적이 왜 그리 적은지, 놀라지 않을 수 없었습니다. 게다가 저 같이 불교에 처음 발을 딛는 사람들에게 도움이 될 만한 쉬운 불교서적은 손에 꼽을 만큼이라는 것에 더욱 놀랐습니다. 불교에 빠져들면 들수록 종교의 차원을 넘어 부처와 고승들, 그리고 수많은 수행자들의 정신세계와 생활 태도 등은 자신을 잃어가는 현대의 우리들에게 분명한 이정표가 되어 줄 수 있음을 알았습니다. 그러나 이해하기 어려운 이정표는 바른길을 찾아 주기는커녕 오히려 시간을 낭비하게 하고 좌절의 상처만을 남기게 됩니다. 바로 거기서 비록 미흡한 공부와 실력이나마 부처님 말씀을 이해하기 쉽게 전파하는 데 보태고자 한 것입니다.

　이 책은 2004년 3월부터 약 3년여간 불교신문에 연재된 「성본 스님의 벽암록 이야기」의 삽화를 기초로 만들었습니다. 그림만으론 그 내용을 전할 수 없어, 일천한 실력으로 벽암록의 본칙만을 뽑아 카툰과 함께 묶어 보았습니다.

　종문 최고의 선서로 일컬어지는 벽암록을 한 컷짜리 카툰으로 뽑아낸 것이 애초에 얼토당토않은 수작에 불과할지 모르지만, 산을 깨뜨리고 물을 가르는 선어록의 심오한 경지를 흠모하나 어려워서 가까이하기를 망설이는 분들에게 조금이나마 도움이 되길 바라는 마음으로 책을 펴냅니다.

 마지막으로 제게 벽암록 삽화 연재를 맡겨 주신 불교신문 김선두 편집부장님, 감수를 해 주신 법회연구원 일휴 스님께 지면을 통해 다시 감사의 인사를 드리며, 갑작스런 제안에 흔쾌히 응해 주신 정우서적 이성운 선생님께도 큰 감사 말씀 올립니다.

2006년 이른 봄 배종훈

차 례

제 1칙 달마도 모른다 _6
제 2칙 명백한 곳에도 머물지 않는다 _8
제 3칙 일면불, 월면불 _10
제 4칙 덕산, 위산에 가다 _12
제 5칙 움켜쥔 좁쌀 한 톨 _14
제 6칙 날마다 좋은 날 _16
제 7칙 부처란 무엇인가? _18
제 8칙 눈썹이 남아 있는가? _20
제 9칙 네 개의 문 _22
제 10칙 할을 하고는 어찌하려는가? _24
제 11칙 술지게미나 먹는 놈! _26
제 12칙 삼 서 근 _28
제 13칙 은 그릇에 담은 눈 _30
제 14칙 부처님의 가르침 _32
제 15칙 무슨 말이 필요한가 _34
제 16칙 양쪽에서 깨뜨리다 _36
제 17칙 달마가 서쪽에서 온 뜻 _38
제 18칙 무봉탑 _40
제 19칙 손가락 한 개 _42
제 20칙 달마가 서쪽에서 오신 까닭은 없다 _44
제 21칙 연꽃 _46
제 22칙 자라 코처럼 생긴 독사 _48
제 23칙 산 국경을 갔더니 _50
제 24칙 유철마가 위산을 찾아가 _52
제 25칙 주장자 _54

제 26칙 훌륭한 일 _56
제 27칙 가을바람 _58
제 28칙 말할 수 없는 법 _60
제 29칙 삼천세계가 겁화에 탈 때 _62
제 30칙 진주의 큰 무 _64
제 31칙 업풍에 의해 움직인 일 _66
제 32칙 정상좌를 때리다 _68
제 33칙 일원상 _70
제 34칙 오로봉에 가 보았는가? _72
제 35칙 앞에도 샛이요 뒤에도 샛이다 _74
제 36칙 봄기운 느끼다 _76
제 37칙 어디 가야 마음을 찾을까 _78
제 38칙 무쇠로 만든 소 _80
제 39칙 금빛 사자 _82
제 40칙 꽃 한 포기 _84
제 41칙 죽은 사람이 살아나면 _86
제 42칙 떨어지는 눈 _88
제 43칙 추위와 더위가 없는 곳 _90
제 44칙 북을 치는 뜻 _92
제 45칙 만법 _94
제 46칙 빗소리 _96
제 47칙 온몸으로도 받아들이지 못하는 것 _98
제 48칙 소매를 떨치고 나가다 _100
제 49칙 그물을 뚫고 나온 물고기 _102
제 50칙 티끌삼매 _104

제51칙 최후의 한마디 106	제76칙 밥은 먹었는가? 156
제52칙 돌다리 108	제77칙 호떡 158
제53칙 들오리가 날다 110	제78칙 물의 성질을 깨닫다 160
제54칙 두 손을 펴 보이다 112	제79칙 부처의 소리 162
제55칙 말할 수 없다 114	제80칙 갓난아기의 육식 164
제56칙 화살 하나로 세 관문을 뚫고 116	제81칙 고라니를 맞히는 법 166
제57칙 지극한 도 1 118	제82칙 견고한 법신 168
제58칙 지극한 도 2 120	제83칙 옛부처와 기둥 170
제59칙 지극한 도 3 122	제84칙 불이문법 172
제60칙 용이 된 주장자 124	제85칙 호랑이를 만난다면 174
제61칙 티끌 하나 126	제86칙 부엌과 사문 176
제62칙 보물 하나 128	제87칙 약과 병 178
제63칙 고양이를 베다 130	제88칙 세 가지 병 180
제64칙 머리에 신발을 이고 132	제89칙 관음의 천수천안 182
제65칙 채찍 그림자 134	제90칙 반야의 본체 184
제66칙 황소의 남 136	제91칙 물소뿔 부채 186
제67칙 금강경 강의 138	제92칙 세존이 법상에 올라 188
제68칙 이름을 묻다 140	제93칙 대광이 춤을 추다 190
제69칙 남전이 동그라미를 그리다 142	제94칙 보이지 않는 곳 192
제70칙 목구멍과 입을 닫고 말하기 1 144	제95칙 여래의 말씀 194
제71칙 목구멍과 입을 닫고 말하기 2 146	제96칙 흙불상, 금불상, 나무불상 196
제72칙 목구멍과 입을 닫고 말하기 3 148	제97칙 금강경을 읽으면 198
제73칙 사구백비를 떠나다 150	제98칙 두 번이나 틀렸다고 말하다 200
제74칙 법통을 들고 춤추다 152	제99칙 조어장부 202
제75칙 주고 빼앗은 몽둥이 154	제100칙 취모검 204

1 달마도 모른다

양무제가 달마대사에게 물었다.
"불교의 본질이 되는 최고의 진리는 무엇인지요?"
"글쎄요, 비어 있어 최고라 할 것도 없지요."
"그럼, 나와 마주한 당신은 누굽니까?"
"모르겠습니다."
무제는 달마대사의 뜻을 알지 못했다. 달마는 위나라로 떠났다. 뒷날 무제가 이 일을 지공 화상에게 이야기하자 지공이 말했다.
"폐하, 그 사람이 누구인지 아시겠습니까?"
"모르겠소. 그가 누구요?"
"그는 관음보살이며 부처님의 심인을 전하는 분입니다."
무제는 후회를 하고 사신을 보내 달마대사를 청하려 했으나 지공이 이를 말렸다.
"폐하, 사신을 보내는 일은 그만두십시오. 이 나라 모든 사람이 그를 데리러 간다고 해도 대사는 오지 않을 것입니다."

第一則: 達磨不識
[本則] 舉. 梁武帝, 問達磨大師: 如何是聖諦第一義? 磨云: 廓然無聖. 帝曰: 對朕者誰? 磨云: 不識. 帝不契. 達磨, 遂渡江至魏. 帝後, 舉問志公. 志公云: 陛下, 還識此人否? 帝云: 不識. 志公云: 此是觀音大士, 傳佛心印. 帝悔, 遂遣使去請. 志公云: 莫道. 陛下發使去取, 闔國人去, 他亦不回.

2 명백한 곳 (도의 경지)에도 머물지 않는다

　　조주 화상이 대중들에게 말했다.
　　"지극한 도(道)는 어려울 것이 없으니, 다만 간택하지 않으면 된다. 도의 높고 낮음을 따진다면 곧 간택에 빠지거나 명백이 된다. 그러니 나는 어떠한 명백(도의 경지)에도 머물러 있지 않다. 그래도 그대들은 그것을 찾고 지키려 하는가?"
　　"어떠한 명백(도의 경지)에도 이르지 않아야 한다면 무엇을 중요하게 여겨야 합니까?"
　　어느 화상이 이렇게 질문하였다.
　　"나도 모른다."
　　"화상께서도 모르신다면 어째서 어떠한 도의 경지도 없다 하십니까?"
　　"이 친구야, 언제까지 묻기만 할 것이냐? 그만 절이나 하고 물러가거라."

第二則: 趙州至道無難
[本則] 擧. 趙州示衆云: 至道無難, 唯嫌揀擇, 纔有語言, 是揀擇, 是明白. 老僧不在明白裏. 是汝還護惜也無? 時有僧問: 旣不在明白裏, 護惜箇什麽? 州云: 我亦不知. 僧云: 和尙旣不知, 爲什麽却, 道不在明白裏? 州云: 問事卽得, 禮拜了退.

3 일면불, 월면불

마조 화상이 몸이 불편하였다. 하루는 원주가 문병을 왔다.
"스님, 요즘 건강은 어떠신지요?"
"얽매임 없이 살면 하루를 사나 백 년을 사나 같은 것이지."

第三則: 馬祖日面佛月面佛
[本則] 擧. 馬大師不安. 院主問: 和尙近日, 尊候如何? 大師云: 日面佛, 月面佛.

4 덕산, 위산에 가다

덕산이 위산 화상을 찾아갔을 때 일이다. 그는 바랑을 벗지 않고 법당에 들어가 이리저리 왔다 갔다 하다가 주위를 둘러보고 "없다, 없어" 하고는 나가 버렸다.

덕산이 산문에 이르러 너무 경솔하면 안 되지 하면서 다시 들어가 위산을 만났다. 위산이 앉으려 하니 깔개를 내밀면서 "스님!" 하고 불렀다. 위산 화상이 불자를 잡으려 하자 덕산은 꽥 소리를 지른 후 소맷자락을 흔들며 나가 버렸다.

덕산은 법당을 등지고 짚신을 신자마자 자리를 떠났다. 위산 화상이 저녁 무렵에 수좌에게 물었다.

"아까 온 신참은 어디에 있는가?"

"그때 짚신을 신고 떠났습니다."

"그는 훗날 높은 봉우리에 암자를 짓고 부처를 꾸짖고 조사를 매도할 녀석이다."

第四則: 德山到潙山
[本則] 擧. 德山到潙山. 挾複子, 於法堂上, 從東過西, 從西過東. 顧視云: 無無, 便出. 德山, 至門首却云: 也不得草草, 便具威儀, 再入相見. 潙山坐次, 德山, 提起坐具云: 和尙! 潙山擬取拂子? 德山, 便喝拂袖而出. 德山, 背却法堂, 著草鞋便行. 潙山至晩, 問首座: 適來新到, 在什麽處? 首座云: 當時背却法堂, 著草鞋出去也. 潙山云: 此子已後, 向孤峰頂上, 盤結草庵, 呵佛罵祖去在.

5 움켜쥔 좁쌀 한 톨

설봉 화상이 말했다.

"온 세상을 다 움켜쥐면 그 크기가 좁쌀만 하구나. 내가 그것을 그대들 눈앞에 두어도 어리석어 알아보지 못하니 북을 쳐 운력이나 하라."

第五則: 雪峰粟粒
[本則] 擧. 雪峰示衆云: 盡大地撮來, 如粟米粒大. 拋向面前, 漆桶不會, 打鼓普請看.

온 세상도 이렇게 집어들면 좁쌀처럼 작다네.
하지만 내려놓으면
자네와 내가 좁쌀 속에 있지.

6 날마다 좋은 날

운문이 법문 때 대중에게 이르렀다.
"지나간 보름에 대해선 그대들에게 묻지 않겠다. 오늘부터 앞으로 보름 동안의 일에 대해 이야기해 보라."
대중들이 말을 하지 못하자 화상이 스스로 답했다.
"날마다 좋은 날이지."

第六則: 雲門,日日好日
[本則] 擧. 雲門垂語云: 十五日已, 前不問汝. 十五日已後, 道將一句來. 自代云: 日日是好日.

7 부처란 무엇인가?

혜초가 법안에게 물었다.
"스님, 무엇이 부처입니까?"
법안이 답했다.
"너 혜초 아니냐!"

第七則: 慧超問佛
[本則] 擧. 僧問法眼: 慧超咨和尙, 如何是佛? 法眼云: 汝是慧超!

8 눈썹이 남아 있는가?

취암 화상이 여름 안거를 마치고 대중에게 말했다.
"하안거 내내 그대들을 위해 설법을 했는데, 어디 보아라, 내 눈썹이 남아 있는가?"
이에 보복은 이렇게 말했다.
"도적질하는 놈치고 정직한 놈이 없지요."
장경은 이렇게 말했다.
"오히려 눈썹이 솟아났습니다."
운문은 이렇게 말했다.
"그것이 하나의 관문이다."

第八則: 翠巖眉毛
[本則] 擧. 翠巖, 夏末示衆云: 一夏以來, 爲兄弟說話, 看翠巖眉毛在麽? 保福云: 作賊人心虛. 長慶云: 生也. 雲門云: 關.

9 네 개의 문

어떤 스님이 조주에게 물었다.
"무엇이 조주의 본 모습입니까?"
"그야 동문, 서문, 남문, 북문이지."

第九則: 趙州四門
[本則] 擧. 僧問趙州: 如何是趙州? 州云: 東門, 西門, 南門, 北門.

10 할을 하고는 어찌하려는가?

목주 화상이 어떤 수행자에게 물었다.
"자네 요즘 어디에 있다가 왔나?"
그러자 수행자가 갑자기 소리를 질렀다.
"내가 너에게 일갈(一喝)을 당했구나."
그러자 수행자가 또 소리를 질렀다.
"그렇게 소리를 지른 다음에는 어찌 하려느냐?"
이번에는 수행자가 아무런 말을 하지 못하자 화상이 그를 내려치면서 말했다.
"이 사기꾼 같은 녀석!"

第十則: 睦州掠虛頭漢
[本則] 擧. 睦州問僧: 近離甚處: 僧便喝. 州云: 老僧被汝一喝. 僧又喝. 州云: 三喝四喝後, 作麼生? 僧無語. 州便打云: 這掠虛頭漢!

11 술지게미나 먹는 놈!

황벽 화상이 대중에게 이렇게 말했다.
"너희들은 모두 술지게미나 먹고 취해서 돌아다니는 놈들이다. 이렇게 행각을 한다면 어느 곳에서 깨달음을 얻겠는가. 너희들은 이 당나라에 참된 선사가 없다는 것을 아느냐?"
그때 한 스님이 나서며 말했다.
"그럼 여러 선방에서 대중을 거느리고 있는 사람은 누구입니까?"
이에 황벽이 말했다.
"선이 없다는 것이 아니라 다만 스승이 없다는 것이다."

第十一則: 黃檗噇酒糟漢
[本則] 擧. 黃檗示衆云: 汝等諸人, 盡是噇酒糟漢. 恁麼行脚, 何處有今日. 還知大唐國裏, 無禪師麼? 時有僧出云: 只如諸方, 匡徒領衆, 又作麼生? 檗云: 不道無禪, 只是無師.

12 삼 서 근

한 수행자가 동산 화상을 찾아왔다.
"무엇이 부처입니까?"
"삼(麻) 서 근이다."

第十二則: 洞山麻三斤
[本則] 舉. 僧問洞山: 如何是佛? 山云: 麻三斤.

13 은그릇에 담은 눈

한 수행자가 파릉 화상에게 물었다.
"어떤 것이 제바종(삼론종)입니까?"
그러자 파릉 화상이 이렇게 답했다.
"은 그릇에 가득 담은 눈(雪)이지."

第十三則: 巴陵銀椀裏雪
[本則] 擧. 僧問巴陵: 如何是提婆宗? 巴陵云: 銀碗裏盛雪.

14 부처님의 가르침

한 사람이 운문 화상에게 물었다.
"무엇이 부처님 일생의 가르침을 시기별로 정리한 것입니까?"
운문이 답했다.
"그것은 때와 장소에 따라 한 말이다."

第十四則: 雲門一代時教
[本則] 擧. 僧問雲門: 如何是一代時教? 雲門云: 對一說.

15 무슨 말이 필요한가

어떤 수행자가 운문 화상에게 물었다.
"설법을 듣는 사람도 없고 설법할 사정이 아닐 때는 어떻습니까?"
"그런 사람에게 무슨 말이 필요한가?"

第十五則: 雲門倒一說
[本則] 擧. 僧問雲門: 不是目前機, 亦非目前, 事時如何? 門云: 倒一說?

16 안팎에서 깨뜨리다

한 스님이 경청 화상을 찾아와 물었다.
"저는 껍질을 깨고 나가려는 병아리와 같으니 부디 화상께서는 밖에서 껍질을 깨뜨려 주십시오."
"그렇게 하면 살아나올 수 있겠는가?"
"제가 살아나지 못하면 스님은 사람들의 비웃음을 살 것입니다."
그러자 화상이 그를 질책했다.
"역시 어리석은 놈."

第十六則: 鏡淸啐啄
[本則] 擧. 僧問鏡淸: 學人啐, 請師啄. 淸云: 還得活也無? 僧云: 若不活, 遭人怪笑. 淸云: 也是草裏漢.

17 달마가 서쪽에서 온 뜻

어떤 수행자가 향림 선사에게 다음과 같이 물었다.
"달마 대사께서 서쪽에서 오신 뜻이 무엇입니까?"
그러자 선사가 이렇게 답했다.
"너무 오래 앉아 있었너니 피곤하구나."

第十七則: 香林西來意
[本則] 擧. 僧問香林: 如何是祖師西來意? 林云: 坐久成勞.

18 무봉탑(無縫塔)

숙종 황제가 혜충 국사에게 물었다.
"스님께서 돌아가신 후 필요한 것이 있으면 말해 주시오."
"노승에게 무봉탑이나 하나 만들어 주십시오."
"그럼, 탑의 모양은 어떻게 하면 되겠소?" 하고 황제가 묻자, 국사가 한참 말없이 있다가 황제에게 물었다.
"알았습니까?"
"모르겠소."
"제게는 제자 탐원이 있는데 그에게 물어 보면 알 것입니다."
국사가 입적 후 황제가 탐원을 불러 국사의 뜻을 물으니 탐원이 대답했다.
"상강은 남쪽으로 흐르고 담강은 북쪽으로 흐르니 그 속에는 황금이 있어 온 세상을 가득 채우는구나. 그림자 없는 나무 아래 함께 배를 탔지만 유리 궁전에 사는 사람은 알지 못하는구나."

第十八則: 忠國師無縫塔
[本則] 擧. 肅宗皇帝, 問忠國師: 百年後, 所須何物? 國師云: 與老僧, 作箇無縫塔. 帝曰: 請師塔樣? 國師良久云: 會麼? 帝云: 不會. 國師云: 吾有付法弟子耽源, 却諳此事, 請詔問之. 國師遷化後, 帝詔耽源問: 此意如何? 源云: 湘之南, 潭之北. 中有黃金充一國. 無影樹下合同船, 琉璃殿上無知識.

19 손가락 한 개

구지 화상에게 누가 찾아와 도를 물으면 화상은 항상 손가락 하나만 세워 보였다.

第十九則: 俱胝只竪一指
[本則] 擧. 俱胝和尙, 凡有所問, 只竪一指.

20 달마가 서쪽에서 오신 까닭은 없다

용아가 취미 화상에게 이렇게 물었다.
"달마 대사가 서쪽에서 온 뜻이 무엇입니까?"
"나에게 선판을 가져 오게. 그러면 일러 주리라."
용아가 선판을 가져오자 취미가 그것을 받자마자 용아를 내려쳤다. 용아가 지지 않고 대꾸했다.
"때리는 것은 마음대로 하십시오. 그러나 거기에 조사가 오신 뜻은 없습니다."
용아가 다시 임제 화상에게 찾아가 달마가 서쪽에서 온 뜻을 물었다.
"나에게 깔개를 가지고 오게. 그러면 알려 주겠네."
용아가 깔개를 가져 오자 임제 화상은 그것을 받은 즉시 용아를 내려쳤다. 용아가 지지 않고 대꾸했다.
"내려치는 것은 마음대로 하십시오. 그러나 거기에 달마가 오신 뜻은 없습니다."

第二十則: 龍牙西來意
[本則] 擧. 龍牙問翠微: 如何是祖師西來意? 微云: 與我過禪板來. 牙過禪板與翠微. 微接得便打. 牙云: 打卽任打, 要且無祖師西來意. 牙又問臨濟: 如何是祖師西來意? 濟云: 與我過蒲團來. 牙取蒲團過與臨濟. 濟接得便打. 牙云: 打卽任打, 要且無祖師西來意.

21 연꽃

한 스님이 지문 화상에게 물었다.
"연꽃이 물에서 나오지 않았을 때는 무엇이라 해야 합니까?"
"연꽃이라 하지."
"그러면 물에서 나온 다음에는 무엇입니까?"
"연꽃이지."

第二十一則: 智門蓮花荷葉
[本則] 擧. 僧問智門: 蓮花未出水時如何? 智門云: 蓮花. 僧云: 出水後如何? 門云: 荷葉.

22 자라 코처럼 생긴 독사

설봉 화상이 대중법문 때 이런 말을 했다.
"남산에 자라 코처럼 생긴 독사 한 마리가 있다. 너희들은 조심하거라."
이 말을 들은 장경 혜릉이 말했다.
"오늘도 절 안의 대중 가운데 누군가는 목숨을 잃을 것입니다."
어떤 납자가 현사를 찾아가 이 얘기를 전하자 그가 이렇게 말했다.
"장경 사형이므로 그렇게 했겠지. 하지만 나라면 그렇게 하지 않았을 것이다."
"그러면 스님은 어떻게 했겠습니까?"
"뭐, '남산'이라는 말조차 할 것이 있겠는가?"
한편 그때 이 얘기를 들은 운문은 설봉 화상 앞에 주장자를 던지면서 그 독사가 여기에 있다며 겁주는 시늉을 했다.

第二十二則: 雪峰南山鼈鼻蛇
[本則] 擧. 雪峰示衆云: 南山有一條鼈鼻蛇. 汝等諸人, 切須好看. 長慶云: 今日堂中, 大有人喪身失命. 僧擧似玄沙. 玄沙云: 須是稜兄始得. 雖然如此, 我卽不恁麼. 僧云: 和尙作麼生? 玄沙云: 用南山作什麼? 雲門以拄杖, 擿向雪峰面前, 作怕勢.

"바르게 살려면 어떻게 해야 하는 것입니까?"

"살려거든 먼저 죽음을 생각해 보거라. 내일 네가 죽는다면 오늘 어떻게 살아야 할지 알 것이다."

23 산 구경을 갔더니

보복과 장경이 산천을 유람할 때 보복이 손가락으로 한 봉우리를 가리키며 말했다.

"저것이 바로 묘봉 정상일세."

그러자 장경 화상이 대답했다.

"그건 그렇네만 애석하구만."

나중에 보복이 이 얘기를 경청 화상에게 이야기했더니 이렇게 말했다.

"장경이 아니었다면 온 들녘에 송장들만 가득했을 것이다."

第二十三則: 保福長慶遊山次
[本則] 擧. 保福長慶遊山次, 福以手指云: 只這裏便是妙峰頂. 慶云: 是則是 可惜許. 後, 擧似鏡淸, 淸云: 若不是孫公, 便見髑髏遍野.

24 유철마가 위산을 찾아가

어느 날 위산 화상에게 산 아래 비구니 유철마가 찾아왔다.
"이런 늙은 암소께서 오셨구먼."
유철마는 화상의 농담을 슬쩍 비키며 이렇게 말했다.
"내일 오대산에서 큰 법회가 열린다는데 화상께서도 가십니까?"
그러자 위산은 벌렁 드러누워 버렸다. 이를 본 유철마는 돌아갔다.

第二十四則: 劉鐵磨到潙山
[本則] 擧. 劉鐵磨 到潙山. 山云: 老牸牛汝來也. 磨云: 來日臺山大會齋, 和尙還去麼? 潙山, 放身臥. 磨便出去.

25 주장자

연화봉 주지가 주장자를 들고 대중에게 말했다.
"옛사람들은 어째서 여기에 머무르지 않았을까?"
대중들이 아무 대답이 없자 스스로 답했다.
"그들이 가는 길에 별 도움이 되지 않았기 때문이다."
다시 물었다.
"그러면 궁극적으로는 어찌 되는가?"
다시 스스로 답했다.
"주장자 비껴든 채 아무도 돌아보지 않고 천봉만학의 첩첩산중으로 들어간다."

第二十五則: 蓮花峰拈拄杖
[本則] 擧. 蓮花峰庵主, 拈拄杖, 示衆云: 古人到這裏, 爲什麼不肯住? 衆無語. 自代云: 爲他途路不得力. 復云: 畢竟如何? 又自代云: 櫟㮚橫擔不顧人, 直入千峰萬峰去.

26 훌륭한 일

한 납자가 백장 화상을 찾아와 물었다.
"어떤 것이 훌륭한 일입니까?"
"대웅봉에 홀로 앉는 것이니라."
납자가 이 말을 듣고는 화상에게 절을 올렸다. 그러나 백장 화상은 그를 후려쳤다.

第二十六則: 百丈奇特事
[本則] 擧. 僧問百丈: 如何是奇特事? 丈云: 獨坐大雄峰. 僧禮拜, 丈便打.

27 가을바람

한 수행자가 운문 화상에게 물었다.
"나뭇잎이 시들어 떨어지면 어떻게 됩니까?"
"앙상한 몸을 드러내고 가을 바람을 맞겠지."

第二十七則: 雲門體露金風
[本則] 擧. 僧問雲門: 樹凋葉落時如何? 雲門云: 體露金風.

28 말할 수 없는 법

남전 화상이 백장산의 열반 화상을 찾아가니 백장(열반)이 물었다.
"성인들이 사람들에게 설법하지 않은 것도 있을까?"
"있지."
다시 백장이 물었다:
"사람들에게 말해 주지 못한 설법은 뭘까?"
"마음도 아니요 부처도 아니요, 그렇다고 물건도 아니지."
이에 백장이 말했다.
"그거야 다 말한 것 아닌가?"
"나는 그렇네만 자넨 어떤가?"
"나 또한 큰 선지식은 아니니 성인들도 못한 말을 어찌 말할 수 있겠나?"
"나는 잘 모르겠네."
"그럼 나는 너무 자세히 말했나 보군."

第二十八則: 南泉不說底法
[本則] 擧. 南泉參百丈涅槃和尙, 丈問: 從上諸聖, 還有不爲人說底法麼? 泉云: 有. 丈云: 作麼生是不爲人說底法? 泉云: 不是心, 不是佛, 不是物. 丈云: 說了也? 泉云: 某甲只恁麼, 和尙作麼生? 丈云: 我又不是大善知識, 爭知有說不說? 泉云: 某甲不會. 丈云: 我太煞爲爾說了也.

29 삼천세계가 겁화에 탈 때

어떤 수행자가 대수에게 물었다.
"겁화가 타올라 온 세상이 파멸될 때를 모르겠습니다. 그때는 모든 것이 사라지는 것입니까?"
"그야 당연하지."
"그렇다면 그것(道)이 다른 것을 따라간단 말입니까?"
"그래, 그렇지."

第二十九則: 大隨劫火洞然
[本則] 擧. 僧問大隨: 劫火洞然大千俱壞. 未審這箇壞不壞? 隨云: 壞. 僧云: 恁麽則隨他去也? 隨云: 隨他去.

30 진주의 큰 무

한 수행자가 조주 화상에게 물었다.
"소문에 듣자니 화상께서는 남전 화상을 친히 모시고 배웠다는데 어떻습니까?"
이에 화상은 이렇게 답했다.
"진주에서는 꽤 큰 무가 난다지?"

第三十則: 趙州蘿蔔
[本則] 舉. 僧問趙州: 承聞和尙親見南泉, 是否? 州云: 鎭州出大蘿蔔頭.

31 업풍에 의해 움직인 일

마곡이 어느 날 장경 화상을 찾아가 선상 주위를 세 번 돌고 석장을 한 번 흔들고 우뚝 섰다. 장경이 이렇게 말했다.
"옳구나, 옳아!"
마곡은 다시 남전 화상을 찾아가 똑같이 선상을 세 번 돌고 석장을 한 번 내려친 후 우뚝 섰다. 그러자 화상은 이렇게 말했다.
"아니지, 아니야."
그러자 마곡이 말했다.
"장경 화상은 옳다고 했는데 어째서 화상은 아니라고 하십니까?"
"장경 화상은 옳지만 너의 행동은 틀린 것이지. 그렇게 바람의 힘으로 움직이면 결국 파멸로 끝날 뿐이야."

第三十一則: 麻谷振錫遶床
[本則] 擧. 麻谷持錫到章敬, 遶禪床三匝, 振錫一下, 卓然而立. 敬云: 是是! 麻谷又到南泉, 遶禪床三匝, 振錫一下, 卓然而立. 泉云: 不是不是. 麻谷當時云: 章敬道是和尙爲什麼道不是? 泉云: 章敬卽是是, 汝不是. 此是風力所轉, 終成敗壞.

32 정상좌를 때리다

정상좌가 어느 날 임제 화상에게 물었다.
"무엇이 불법의 요체입니까?"
임제 화상은 대답 대신 선상에서 내려와 멱살을 잡고 뺨을 한 대 때린 후 확 떠밀어 버렸다. 정상좌가 멍하니 서 있자 옆에 있던 사람이 말했다.
"왜 절을 드리지 않는가?"
정상좌는 이 말을 듣고 절을 하려다가 홀연히 깨달았다.

第三十二則: 臨濟一掌
[本則] 擧. 定上座, 問臨濟: 如何是佛法大意? 濟下禪床, 擒住與一掌, 便托開. 定佇立. 傍僧云: 定上座, 何不禮拜? 定方禮拜, 忽然大悟.

33 일원상(一圓相)

상서 벼슬을 하는 진조가 자복을 만나러 갔다. 자복은 그가 오는 것을 알고 일원상(동그라미)을 그려 보였다. 이에 진조가 말했다.
"제가 이렇게 와서 앉지도 않았는데 벌써 일원상을 그려서 어쩌자는 것입니까?"
이에 화상은 방장실의 문을 닫고 들어가 버렸다.

第三十三則: 資福圓相
[本則] 擧. 陳操尙書, 看資福. 福見來, 便畫一圓相. 操云: 弟子恁麽來, 早是不著便, 何況更畫一圓相? 福便掩却方丈門.

34 오로봉에 가 보았는가?

양산 화상이 자신을 찾아온 납자에게 물었다.
"요즘 어디 있다가 왔는가?"
"여산에서 왔습니다."
"그럼 오로봉에는 가 보았겠군."
"아직 가 보지 못했습니다."
이에 화상은 그에게 말했다.
"이 사람아, 아직 산놀이도 못했단 말인가!"

第三十四則: 仰山五老峰
[本則] 擧. 仰山問僧: 近離甚處? 僧云: 廬山. 山云: 曾遊五老峰麼. 僧云: 不曾到. 山云: 闍黎不曾遊山!

35 앞에도 셋이요 뒤에도 셋이다

문수보살이 무착에게 물었다.
"어디에 있다가 왔는가?"
"남쪽에서 왔습니다."
"남쪽의 불법은 요즘 어떻게 되어 가고 있는가?"
"말법시대라 비구들 중에 계율을 받드는 자가 적었습니다."
"그들은 얼마나 되던가?"
"한 삼백에서 오백 명 정도 됩니다."
이번에는 무착이 문수보살에게 물었다.
"이곳에서는 어떻게 유지되는지요?"
"성인과 범부가 함께 살고, 뱀과 용이 섞여 있네."
"그 숫자가 얼마나 되는지요?"
"앞에도 삼삼, 뒤에도 삼삼이지."

第三十五則: 文殊前後三三
[本則] 擧. 文殊問無著: 近離什麼處? 無著云: 南方. 殊云: 南方佛法, 如何住持? 著云: 末法比丘 少奉戒律. 殊云: 多少衆? 著云: 或三百, 或五百. 無著問文殊: 此間如何住持? 殊云: 凡聖同居, 龍蛇混雜. 著云: 多少衆? 殊云: 前三三, 後三三.

36 봄기운 느끼다

장사 화상이 어느 날 산을 유람하고 돌아왔다. 이를 본 수좌가 물었다.
"화상께서는 어디를 다녀오시는 길입니까?"
"산에 갔다 오는 길이네."
"어디까지 다녀오셨습니까?"
"처음에는 향기로운 풀을 따라갔다가 지는 꽃을 따라 돌아왔네."
"봄기운이 물씬 풍깁니다."
"가을 연꽃에 이슬 떨어지는 것보다야 훨씬 낫지."

第三十六則: 長沙春意
[本則] 舉. 長沙, 一日遊山, 歸至門首. 首座問: 和尙什麼處去來? 沙云: 遊山來. 首座云: 到什麼處來? 沙云: 始隨芳草去, 又逐落花回. 座云: 大似春意. 沙云: 也勝秋露滴芙蕖.

37 어디 가야 마음을 찾을까

반산 화상이 이렇게 말했다.
"삼계에 법이 없는데 어느 곳에서 마음을 찾을 것인가?"

第三十七則: 盤山求心
[本則] 擧. 盤山垂語云: 三界無法, 何處求心?

눈과 귀를 닫으면 내가 보이고
다시 눈과 귀를 열면 세상 모든 것이
내 마음이고 진리다.

38 무쇠로 만든 소

풍혈 화상이 영주의 관내에서 설법했다.
"조사의 마음 도장은 무쇠소를 만드는 거푸집과 같으니 도장을 찍으면 무늬가 나타나지만 그대로 두면 무늬가 망가지는 것이다. 그래서 찍지도 못하고 치우지도 못하니 어떻게 해야 할 것인가?"
이때 노파 장로가 대중 앞에 나서며 말했다.
"저에게는 무쇠소의 거푸집이 있습니다. 그러니 새삼 화상의 인가 도장을 찍을 필요가 없습니다."
그러자 풍혈 화상이 말했다.
"고래를 낚아 바다를 맑게 하려 했더니, 개구리처럼 진흙 속에서 뛰어다니는 짓을 하다니 안됐네."
노파가 한참 동안 생각에 잠기자 화상이 다시 말했다.
"그대는 왜 말을 계속하지 못하는가?"
그가 계속 머뭇거리자 화상은 불자로 한 번 치고 말했다.
"그래 할 말이 생각났는가. 그러면 말해 보라."
그가 무엇인가 말하려 하자 화상이 다시 불자로 치니 이를 보던 목주가 말했다.
"불법과 왕법이 똑같네."
"그대는 무슨 도리를 보았기에 그렇게 말하는가?"
"끊어야 할 것을 끊지 않으면 도리어 재난을 불러들이게 됩니다."
이 말을 듣고 화상은 법좌에서 내려왔다.

第三十八則 風穴祖師心印
[本則] 擧. 風穴在郢州衙內. 上堂云: 祖師心印, 狀似鐵牛之機, 去卽印住; 住卽印破. 只如不去不住, 印卽是, 不印卽是, 時有盧陂? 長老出問: 某甲有鐵牛之機. 請師不搭印. 穴云: 慣釣鯨鯢澄巨浸. 却嗟蛙步輾泥沙. 陂佇思, 穴喝云: 長老何不進語? 陂擬議, 穴打一拂子. 穴云: 還記得話頭麼? 試擧看. 陂擬開口, 穴又打一拂子. 牧主云: 佛法與王法一般. 穴云: 見箇什麼道理? 牧主云: 當斷不斷, 返招其亂. 穴便下座.

진리를 보지 못하는 사람은 진흙밭을 뛰어 다니는 개구리와 같이 자신 스스로를 더럽힐 뿐이다.

39 금빛 사자

어떤 납자가 운문 화상에게 물었다.
"무엇이 청정법신입니까?"
"꽃으로 장엄한 울타리니라."
"그렇게만 알면 됩니까?"
"황금빛 털을 가진 사자니라."

第三十九則 雲門金毛獅子
[本則] 擧. 僧問雲門: 如何是淸淨法身? 門云: 花藥欄. 僧云: 便恁麼去時如何? 門云: 金毛獅子.

40 꽃 한 포기

육긍대부가 남전 화상과 얘기를 나누다가 이렇게 말했다.
"승조 법사가 말하길 천지가 나와 한 뿌리요, 만물이 나와 한 몸이라 했는데, 참 대단하지 않습니까?"
이에 남전은 마당에 핀 꽃을 가리키며 대부를 부르더니 이렇게 말했다.
"사람들은 이 한 포기의 꽃을 꿈처럼 본다네."

第四十則 南泉一株花
[本則] 擧. 陸亘大夫, 與南泉語話次 陸云: 肇法師道, 天地與我同根, 萬物與我一體, 也甚奇怪? 南泉, 指庭前花, 召大夫云: 時人 見此一株花 如夢相似.

41 죽은 사람이 살아나면

조주가 투자 화상을 찾아가 물었다.
"완전히 죽은 사람이 다시 살아난다면 어떻게 하겠습니까?"
"밤에 다니지 말고 날이 밝으면 다시 오게."

第四十一則 趙州大死却活
[本則] 擧. 趙州問投子: 大死底人, 却活時如何? 投子云: 不許夜行, 投明須到.

42 떨어지는 눈

방거사가 약산 화상에게서 떠나려 하자, 화상은 십여 명의 선객에게 산문 앞까지 전송토록 하였다. 그때 마침 눈이 내리자 거사가 말했다.

"멋진 눈이로다. 그러나 다른 곳에는 떨어지지 않는구나."

이때 전이라는 선객이 물었다.

"그럼 어디에 떨어집니까?"

거사는 다짜고짜 그의 뺨을 후려쳤다.

"너무 무례하게 굴지 마십시오. 이게 무슨 짓입니까?"

"그러고도 그대가 선객이라 자처한다면 염라대왕이 용서하지 않을 것이다."

선객이 말하였다.

"거사라면 어떻게 하겠습니까?"

거사는 한 번 더 후려쳤다.

"눈으로 보면 장님, 말하면 벙어리."

第四十二. 龐居士好雪片片

[本則] 擧. 龐居士, 辭藥山. 山 命十人禪客 相送至門首. 居士, 指空中雪云: 好雪片片. 不落別處. 時, 有全禪客云: 落在什麽處? 士打一掌. 全云: 居士, 也不得草草. 士云: 汝恁麽稱禪客, 閻老子未放汝在. 全云: 居士, 作麽生? 士又打一掌. 云: 眼見如盲; 口說如啞.

43 추위와 더위가 없는 곳

어떤 납자가 동산 화상에게 물었다.
"추위와 더위가 다가오는데 어디로 피하시겠습니까?"
"추위와 더위가 없는 곳으로 가면 되지 않는가?"
"그런 곳이 어디 있습니까?"
"추울 때는 자네를 얼려서 죽이고, 더울 때는 쪄서 죽이는 곳이지."

第四十三則 洞山無寒暑
[本則] 擧. 僧問洞山: 寒暑到來, 如何廻避? 山云: 何不向無寒暑處去? 僧云: 如何是無寒暑處? 山云: 寒時寒殺闍黎; 熱時熱殺闍黎.

44 북을 치는 뜻

화산 화상이 이렇게 법문했다.
"배워서 익힌 것을 문(聞)이라고 하고, 더 배우고 익힐 것이 없는 것을 인(隣)이라 하고, 이 두 가지 경계를 넘어선 것을 진과(眞過)라 한다."

그러자 한 스님이 물었다.
"어떤 것을 진과라 합니까?"
"북을 칠 줄 알아야지."
"어떤 것이 참다운 진리입니까?"
"북을 칠 줄 알아야지."
"마음이 곧 부처라는 것에 대해서는 묻지 않겠습니다. '마음도 아니고 부처도 아니다'라는 것이 무슨 뜻입니까?"
"북을 칠 줄 알아야지."
"훌륭한 사람이 찾아오면 어떻게 맞이하겠습니까?"
"북을 칠 줄 알아야지."

第四十四則 禾山解打鼓
[本則] 擧. 禾山垂語云: 習學謂之聞, 絶學謂之隣, 過此二者 是爲眞過. 僧出問: 如何是眞過? 山云: 解打鼓. 又問: 如何是眞諦? 山云: 解打鼓. 又問: 卽心卽佛. 卽不問, 如何是非心非佛? 山云: 解打鼓. 又問: 向上人來時, 如何接? 山云: 解打鼓.

45 만법(萬法)

어떤 납자가 조주에게 물었다.
"만 가지 법이 하나로 돌아간다면 그 하나는 어디로 돌아갑니까?"
그러자 조주가 이렇게 말했다.
"내가 청주에 있을 때 베적삼을 한 벌 만들었는데 그 무게가 일곱 근이었네."

第四十五則 趙州萬法歸一
[本則] 擧. 僧問趙州: 萬法歸一, 一歸何處? 州云: 我在靑州, 作一領布衫, 重七斤.

46 빗소리

경청 화상이 어떤 수행자에게 물었다.
"문 밖의 소리가 무슨 소리인가?"
"빗방울 소리입니다."
"중생이 전도되어 바깥의 소리만 쫓아다니는구나."
"그러면 화상께서는 무어라 하시겠습니까?"
"자칫하면 나도 미혹할 뻔했구나."
"자칫하면 미혹할 뻔하다니 무슨 뜻인지요?"
"속박에서 벗어나기는 쉬우나 있는 그대로 말하기는 더욱 어려운 것이야."

第四十六則 鏡淸雨滴聲
[本則] 擧. 鏡淸問僧: 門外是什麼聲? 僧云: 雨滴聲. 淸云: 衆生顚倒, 迷己逐物. 僧云: 和尙作麼生? 淸云: 洎不迷己. 僧云: 洎不迷己, 意旨如何? 淸云: 出身猶可易, 脫體道應難.

47 온몸으로도 받아들이지 못하는 것

한 수행자가 운문 화상에게 물었다.
"무엇이 법신입니까?"
화상이 대답했다.
"온몸으로도 받아들일 수 없느니라."

第四十七則 雲門六不收
[本則] 擧. 僧問雲門: 如何是法身? 門云: 六不收.

48 소매를 떨치고 나가다

왕태부가 초경사에 갔더니 마침 차를 달이고 있었다. 이때 낭상좌가 명초 화상에게 차 주전자의 손잡이를 잡고 차를 따르려 하다가 주전자를 뒤집어 버렸다. 이를 보고 태부가 낭상좌에게 물었다.
"차 끓이는 화로 밑에 무엇이 있소?"
"화로를 받드는 봉로신이 있지요."
"봉로신이 왜 차 냄비를 엎었소?"
"천 일 동안 벼슬살이를 잘 해도 한 번 실수로 쫓겨나는 것 같지요."
이 말에 태부는 소매를 떨치고 나가 버렸다. 이를 본 명초 화상이 말했다.
"자네는 초경사 밥을 얻어 먹으면서 도리어 강 건너편에 가서 시끄럽게 하는가?"
"그럼 스님은 어떻게 했겠습니까?"
"귀신에게 당했구나."

第四十八則 太傅拂袖
[本則] 擧. 王太傅, 入招慶煎茶. 時, 朗上座, 與明招把銚, 朗翻却茶銚. 太傅見, 問上座: 茶爐下是什麽? 朗云: 捧爐神. 太傅云: 旣是捧爐神爲什麽, 翻却茶銚? 朗云: 仕官千日, 失在一朝. 太傅, 拂袖便去. 明招云: 朗上座, 喫却招慶飯了, 却去江外 打野榸? 朗云: 和尙作麽生? 招云: 非人得其便.

49 그물을 뚫고 나온 물고기

　삼성이 설봉 화상에게 물었다.
　"그물을 뚫고 나온 황금빛 물고기는 무엇을 미끼로 해서 잡아야 합니까?"
　"그대가 그물을 찢고 나오면 말해 주겠다."
　"수많은 대중을 거느리는 화상께서 말귀도 알아듣지 못합니까?"
　"노승이 절 일에 바쁘다 보니……"

第四十九則 三聖透網金鱗
[本則] 擧. 三聖問雪峰: 透網金鱗 未審以何爲食? 峰云: 待汝出網來, 向汝道. 聖云: 一千五百人善知識, 話頭也不識? 峰云: 老僧住持事繁.

50 티끌삼매

한 납자가 운문에게 물었다.
"어떤 것이 화엄경에서 말하는 티끌 하나도 삼매라는 것입니까?"
"발우 속의 밥이고 물통 속의 물이지."

第五十則 雲門塵塵三昧
[本則] 擧. 僧問雲門: 如何是塵塵三昧? 門云: 鉢裏飯, 桶裏水.

목마른 사람에겐 물이 최고의 가치이며 진리이다.

으~ 제발...

51 최후의 한마디

설봉 화상이 암자에 있을 때, 두 사람이 찾아와 절을 하려 했다. 이에 화상은 그들을 보고 암자 문을 열고 몸을 내밀면서 말했다.
"무엇인고?"
그러자 그들 역시 "무슨 일입니까?" 하고 되물었다. 화상은 머리를 숙이고 암자로 되돌아가 버렸다. 두 수행자가 뒷날 암두 화상의 문하에 이르니 화상이 물었다.
"어디에서 왔는가?"
"영남에서 왔습니다."
"설봉에게는 갔다 왔는가?"
"네. 다녀왔습니다."
"화상은 무슨 말을 하던가?"
그들이 설봉 화상을 방문했을 때의 일을 말하자 암두 화상이 말했다.
"내가 그를 처음 만났을 때 그에게 마지막 한마디를 일러 주지 않은 것이 후회스럽구나. 만약 그때 일러 주었더라면 천하 사람들이 어쩌지 못했을 것이다."
여름 안거가 끝난 뒤 그 수행자들이 설봉 화상을 만났던 때의 이야기를 다시 꺼내며 가르침을 청하자 화상이 말했다.
"왜 진작 묻지 않았느냐?"
"감히 쉽게 물을 수 있는 일이 아니라서 그랬습니다."
"설봉은 나와 함께 배우고 깨달았지만 나와는 방법이 같지 않네. 최후의 한마디를 알고 싶다고? 오직 이것이네."

第五十一則: 雪峰是甚麼
[本則] 擧. 雪峰住庵時, 有兩僧來禮拜. 峰見來, 以手托庵門, 放身出云: 是什麼, 僧亦云: 是什麼? 峰低頭歸庵. 僧後到巖頭, 頭問: 什麼處來? 僧云: 嶺南來. 頭云: 曾到雪峰麼? 僧云: 曾到. 頭云: 有何言句? 僧擧前話. 頭云: 他道什麼. 僧云: 他無語低頭歸庵. 頭云: 噫, 我當初, 悔不向他, 道末後句, 若向伊道, 天下人, 不奈雪老何. 僧至夏末, 再擧前話請益. 頭云: 何不早問? 僧云: 未敢容易. 頭云: 雪峰雖與我同條生, 不與我同條死. 要識末句後? 只這是.

52 돌다리

한 스님이 조주 화상을 찾아왔다.

"오래전부터 조주의 돌다리가 명성이 대단하여 찾아와 보니 그저 외나무다리에 불과하군요."

"자네는 외나무다리만 보고 돌다리는 보지 못하였구나."

"그 돌다리란 어떤 것을 말합니까?"

"나귀도 건너가게 하고 말도 건너가는 것일세."

第五十二則: 趙州石橋
[本則] 擧. 僧問趙州: 久響趙州石橋, 到來只見略彴. 州云: 汝只見略彴, 且不見石橋. 僧云: 如何是石橋? 州云: 渡驢渡馬.

53 들오리가 날다

마조 화상이 백장과 길을 가는데 들오리가 날아오르고 있었다.
"저것이 무엇이냐?"
"들오리입니다."
"어디로 갔느냐?"
"저쪽으로 갔습니다."

그 순간 마조 화상은 백장의 코를 힘껏 잡아 비틀었다. 백장은 아픔을 참지 못하고 비명을 질렀다. 이때 마조 화상이 백장에게 말했다.

"가긴 어디로 갔단 말이냐!"

第五十三則: 百丈野鴨子
[本則] 擧. 馬大師, 與百丈行次, 見野鴨子飛過. 大師云: 是什麼? 丈云: 野鴨子. 大師云: 什麼處去也? 丈云: 飛過去也. 大師, 遂扭百丈鼻頭. 丈作忍痛聲. 大師云: 何曾飛去!

54 두 손을 펴 보이다

운문 화상이 한 납자에게 물었다.
"요즘 어디 있다가 왔는가?"
"소주의 서선 화상 문하에 있었습니다."
"서선은 요즘 무슨 말을 하시던가?"
이에 납자는 불쑥 두 손을 펴 보였다. 그러자 운문 화상이 그를 한 대 때렸다.
"저도 할 말이 있습니다."
이번에는 운문 화상이 두 손을 내밀었다. 그가 아무 말도 못하자 화상은 그를 다시 한 번 때렸다.

第五十四則: 雲門却展兩手
[本則] 擧. 雲門問僧: 近離甚處? 僧云: 西禪. 門云: 西禪近日 有何言句? 僧, 展兩手. 門打一掌. 僧云: 某甲話在. 門却展兩手. 僧無語, 門便打.

55 말할 수 없다

   도오 화상이 점원 스님과 함께 한 상가에 이르러 조문을 할 때였다. 점원이 관을 두드리며 말했다.
   "살아 있습니까, 죽었습니까?"
   도오 화상이 말했다.
   "살았다고도 할 수 없고, 죽었다고도 할 수 없다."
   "왜 말할 수 없습니까?"
   "말하지 못하지, 말하지 못해."
   돌아오는 길에 점원이 문상하던 일을 말했다.
   "스님, 어서 말씀해 주십시오. 그러지 않으시면 스님을 한 대 후려치겠습니다."
   "치고 싶으면 쳐도 되지만 그러나 말할 수는 없다네."
   이에 점원이 화상을 때렸다. 뒷날 도오 화상이 죽자 점원은 석상 화상을 찾아가 이전의 얘기를 했다. 얘기를 들은 화상이 말했다.
   "살았다고도 못하고 죽었다고도 할 수 없네."
   "왜 말하지 못하는 것입니까?"
   "말하지 못하지, 말하지 못해!"
   점원은 그 말에 깨우침이 있었다.

第五十五則: 道吾不道
[本則] 擧. 道吾, 與漸源 至一家弔慰. 源拍棺云: 生邪死邪? 吾云: 生也不道, 死也不道. 源云: 爲什麼不道? 吾云: 不道不道. 回至中路, 源云: 和尙, 快與某甲道. 若不道, 打和尙去也. 吾云: 打卽任打. 道卽不道. 源, 便打. 後道吾遷化, 源到石霜, 擧似前話. 霜云: 生也不道; 死也不道. 源云: 爲什麼不道? 霜云: 不道不道! 源, 於言下有省.

56 화살 하나로 세 관문을 뚫고

양이라는 선객이 흠산 화상에게 물었다.
"화살 하나로 세 개의 관문을 통과했을 때는 어떠합니까?"
"그 관문 속의 주인을 꺼내 놔 보아라."
"잘못을 알았으니 반드시 고치겠습니다."
"언제까지 기다려야 하는가?"
"화살은 잘 쏘셨는데 맞추지 못했습니다."
선객은 이 말을 듣고 나가려고 했다. 이에 흠산이 그를 불렀다.
"잠깐, 양수좌."
그가 돌아보자 흠산 화상은 그를 움켜잡고 말했다.
"한 개의 화살로 세 개의 관문을 통과하는 것은 그만두고 나에게 화살을 쏘아 보라."
거양이 말을 하듯 망설이자 화상은 그에게 몽둥이로 일곱 대를 치면서 말했다.
"너는 한 삼십 년쯤 공부해야 알 것이다."

第五十六則: 欽山一鏃破三關
[本則] 擧. 良禪客問欽山: 一鏃破三關時如何? 山云: 放出關中主看. 良云: 恁麼則知過必改. 山云: 更待何時? 良云: 好箭放, 不著所在. 便出, 山云: 且來闍黎. 良回首, 山把住云: 一鏃破三關, 卽且止, 試與欽山發箭看. 良擬議, 山打七棒云: 且聽這漢疑三十年.

57 지극한 도 1

한 납자가 조주 화상에게 물었다.
"승찬 대사가 '지극한 도는 어려울 것이 없고 오직 분별하지 않으면 된다'고 했는데, 그럼 어떤 것이 분별하지 않는 것입니까?"
"천상천하에 오직 나 홀로 존귀하니라."
"그것도 분별이 아닙니까?"
"이 녀석아, 어디가 분별이야?"
화상이 호통을 치자 그는 아무 말도 못했다.

第五十七則: 趙州至道無難
[本則] 擧. 僧問趙州: 至道無難 唯嫌揀擇, 如何是不揀擇? 州云: 天上天下唯我獨尊. 僧云: 此猶是揀擇? 州云: 田庫奴, 什麽處是揀擇? 僧無語.

58 지극한 도 2

한 스님이 다시 조주 화상에게 물었다.
"지도무난 유혐간택은 스님의 소굴 아닙니까?"
"전에도 어떤 이가 같은 질문을 했다만 이미 5년이 지났어도 대답을 못하고 있다네."

第五十八則: 趙州窠窟
[本則] 擧. 僧問趙州: 至道無難, 唯嫌揀擇. 是時人窠窟否? 州云: 曾有人問我, 直得五年, 分疏不下.

59 지극한 도 3

한 납자가 조주 화상에게 물었다.
"화상께서는 늘 '지극한 도는 어렵지 않다. 다만 분별하지 않으면 된다'고 하시는데 그것이 곧 분별이 아닌가요? 그렇다면 화상은 어떻게 다른 이들을 가르치겠습니까?"
"왜 그 말을 끝까지 인용하지 않느냐?"
"저는 여기까지 밖에 외우지 못합니다."
그러자 화상이 말했다.
"그렇다. 지극한 도는 어려운 것이 아니고 분별을 멈추면 되는 것이니라."

第五十九則: 趙州唯嫌揀擇
[本則] 擧. 僧問趙州: 至道無難, 唯嫌揀擇. 纔有語言, 是揀擇? 和尙, 如何爲人? 州云: 何不引盡這語? 僧云: 某甲只念到這裏. 州云: 只這至道無難, 唯嫌揀擇.

60 용이 된 주장자

운문 화상이 주장자를 들고 대중에게 법문했다.
"이 주장자가 용이 되어 천하를 삼켰다. 그렇다면 산하대지(山河大地)는 어디에 있는가?"

第六十則: 雲門拄杖化龍
[本則] 擧. 雲門, 以拄杖, 示衆云: 拄杖子化爲龍, 呑却乾坤了也. 山河大地, 甚處得來?

61 티끌 하나

풍혈이 어느 날 대중에게 말했다.
"티끌 하나를 세우면 가정과 나라가 흥하고, 티끌 하나를 세우지 않으면 가정과 나라가 망한다."

第六十一則: 風穴若立一塵
[本則] 擧. 風穴垂語云: 若立一塵, 家國興盛; 不立一塵, 家國喪亡.

내 손에 티끌이 보입니까? 이 작은 티끌이 모여 세상을 이루고 또 흩어져 멸하게 합니다. 그러니 먼지 하나라고 하찮게 볼 수 있을까요?

62 보물 하나

어느 날 운문 화상이 대중에게 이렇게 말했다.
"하늘과 땅 사이, 시간과 공간 사이에 보물이 하나 있다. 그것은 바로 우리 몸 안에 감춰져 있다. 그런데 등롱(燈籠) 들고 불전으로 갔다가 산문을 그 등롱 위에 올려 놓은 채 돌아왔다."

第六十二則: 雲門中有一寶
[本則] 擧. 雲門示衆云: 乾坤之內, 宇宙之間. 中有一寶, 秘在形山. 拈燈籠向佛殿裏, 將三門來燈籠上.

63 고양이를 베다

남전 화상의 문하에 있는 동당과 서당의 수행자들이 어느 날 고양이 한 마리를 두고 다투고 있었다. 화상이 이를 보고 고양이를 들고 말했다.

"한마디 할 수 있다면 베지 않겠다."

대중들이 아무 말 못하자 화상은 고양이를 두 동강이로 베어 버렸다.

第六十三則: 南泉斬猫
[本則] 擧. 南泉, 一日, 東西兩堂, 爭猫兒. 南泉見, 遂提起云: 道得卽不斬. 衆無對. 泉斬猫兒爲兩段.

64 머리에 신발을 이고

남전 화상이 고양이를 벤 후 조주에게 그 얘기를 들려주고 물었다.
"그때 자네라면 어떻게 했겠는가?"
조주는 아무 말도 하지 않고 신발을 벗어 머리에 이고 밖으로 나갔다. 이를 본 남전 화상이 말했다.
"그 자리에 자네가 있었다면 고양이를 살릴 수 있었을 텐데……"

第六十四則: 趙州頭戴草鞋
[本則] 擧. 南泉復擧前話, 問趙州. 州便脫草鞋, 於頭上戴出. 南泉云: 子若在. 恰救得猫兒.

65 채찍 그림자

한 외도가 부처님을 찾아와 물었다.
"저는 진리가 무엇인지를 말로도 침묵으로도 묻지 않겠습니다."
부처님은 말없이 한참 있었다. 그러자 외도가 찬탄하며 말했다.
"세존께서는 대자대비하시어 저의 어리석음을 걷어 주셨습니다. 저로 하여금 도에 들어갈 수 있도록 하셨습니다."
외도가 물러가자 아난이 부처님께 물었다.
"외도는 무엇을 얻었기에 도에 들어갔다고 말한 것입니까?"
부처가 이렇게 말했다.
"훌륭한 말은 채찍의 그림자만 보고도 달리는 법이지."

第六十五則: 外道良馬見鞭影
[本則] 擧. 外道問佛: 不問有言; 不問無言. 世尊良久. 外道讚歎云: 世尊大慈大悲, 開我迷雲. 令我得入. 外道去後. 阿難問佛: 外道有何所證, 而言得入? 佛云: 如世良馬, 見鞭影而行.

66 황소의 난

암두 화상이 한 납자에게 물었다.
"어디서 왔는가?"
"서경에서 왔습니다."
"황소의 난이 지났으니 칼이라도 주워 왔는가?"
"네, 주웠습니다."
암두 화상은 그 납자 앞으로 목을 길게 내밀며 '자!' 하고 소리를 질렀다. 그러자 납자가 말했다..
"화상의 목이 땅에 떨어졌습니다."
그러자 암두는 껄껄 크게 웃었다.
그 후, 그 납자가 설봉 화상에게로 갔다.
"어디서 왔는가?"
"암두 화상 밑에 있다가 왔습니다."
"화상께서 무슨 말씀이 없던가?"
그가 전에 있었던 일을 말하자 설봉 화상은 몽둥이로 삼십 대를 때리고 그를 내쫓았다.

第六十六則: 巖頭取巢劍
[本則] 擧. 巖頭問僧: 什麼處來? 僧云: 西京來. 頭云: 黃巢過後, 還收得劍麼? 僧云: 收得. 巖頭, 引頸近前云: 囫. 僧云: 師頭落也. 巖頭呵呵大笑. 僧後到雪峰. 峰問: 什麼處來? 僧云: 巖頭來. 峰云: 有何言句? 僧擧前話. 雪峰打三十棒, 起出. 力

67 금강경 강의

양무제가 부 대사를 초청해서 금강경을 강설하게 했다. 부 대사가 법상에 올라가 상을 한 번 치고 그냥 내려오자, 이를 본 무제는 깜짝 놀랐다. 그러자 지공 화상이 이렇게 말했다.
"폐하께서는 알아들으셨습니까?"
"나는 잘 모르겠소."
"부 대사는 이미 금강경 강설을 모두 끝냈습니다."

第六十七則: 梁武帝請講經
[本則] 舉. 梁武帝, 請傅大士, 講金剛經. 大士便於座上, 揮案一下, 便下座, 武帝愕然. 誌公問: 陛下還會麼? 帝云: 不會. 誌公云: 大士講經竟.

68 이름을 묻다

양산 화상이 삼성에게 물었다.
"자네의 이름은 무엇인가?"
"혜적입니다."
"혜적은 바로 나다."
"제 이름은 혜연입니다."
그러자 양산은 크게 웃었다.

第六十八則: 仰山汝名什麼
[本則] 擧. 仰山問三聖: 汝名什麼? 聖云: 惠寂. 仰山云: 惠寂是我. 聖云: 我名惠然. 仰山呵呵大笑.

69 남전이 동그라미를 그리다

남전, 귀종, 마곡 화상이 함께 혜충 국사를 참배하러 가는 도중이었다. 남전이 땅 위에 동그라미를 하나 그려 놓고 말했다.
"말해 보라. 그래야 가겠다."
그러자 귀종은 그 동그라미 속에 들어가 앉았고 마곡은 여자처럼 절을 했다. 이를 본 남전이 말했다.
"그 정도라면 나는 가지 않겠다."
이에 귀종이 말했다.
"이제 와서 그게 무슨 말이오?"

第六十九則: 南泉畫一圓相
[本則] 擧. 南泉·歸宗·麻谷, 同去禮拜忠國師, 至中路. 南泉, 於地上, 畫一圓相 云: 道得卽去. 歸宗, 於圓相中坐. 麻谷, 便作女人拜. 泉云: 恁麼則不去也. 歸宗云: 是什麼心行.

70 목구멍과 입을 닫고 말하기 1

위산과 오봉과 운암이 함께 백장 화상을 모시고 있을 때의 일이다. 어느 날 백장 화상이 위산에게 물었다.
"자넨 목구멍과 입술을 닫고도 말할 수 있는가?"
"화상께서 먼저 말씀해 보시지요."
"내가 사양하지 않고 그대에게 말할 수는 있으나 뒷날 후손이 끊길까 두렵구나."

第七十則: 百丈併却咽喉
[本則] 擧. 潙山·五峰·雲巖, 同侍立百丈. 百丈問潙山: 併却咽喉脣吻, 作麽生道?
潙山云: 却請和尙道. 丈云: 我不辭向汝道, 恐已後喪我兒孫.

71 목구멍과 입을 닫고 말하기 2

백장 화상이 이번에는 오봉에게 물었다.
"자네는 목구멍과 입술을 닫고 말할 수 있겠는가 어떤가?"
"화상께서 먼저 목구멍과 입술을 닫아보시지요."
"아무도 없는 곳에서 이마에 (손을) 얹고 너를 기다리겠노라."

第七十一則: 五峰倂却咽喉
[本則] 擧. 百丈復問五峰: 倂却咽喉脣吻, 作麽生道? 峰云: 和尙也須倂却. 丈云: 無人處斫額望汝.

72 목구멍과 입을 닫고 말하기 3

백장 화상이 이번에는 운암에게 물었다.
"너는 목구멍과 입술을 막고 말할 수 있는가?"
"스님은 아직 목구멍과 입술이 남아 있습니까?"
백장 화상이 탄식하며 말했다.
"내가 법손 하나를 잃었구나."

第七十二則: 雲巖倂却咽喉
[本則] 擧. 百丈又問雲巖: 倂却咽喉脣吻, 作麽生道? 巖云: 和尙有也未? 丈云: 喪我兒孫.

73 사구백비를 떠난다

한 스님이 마조 화상에게 물었다.

"스님께서는 사구(四句)를 여의고 백비(百非)를 떠난 자리에서 곧바로 저에게 조사가 서쪽에서 오신 참뜻을 가르쳐 주셨으면 합니다."

"내가 오늘 피곤하여 너에게 말해 줄 수 없으니 지장한테 가서 물어보라."

그가 지장을 찾아갔더니 지장이 되물었다.

"왜 화상에게 묻지 않았느냐?"

"스님에게 물어보라 하셨습니다."

"난 오늘 머리가 아파 그대에게 말해 줄 수 없으니 회해 사형에게 가서 물어보게."

그가 다시 회해에게 찾아갔더니 회해는 이렇게 말했다.

"실은 나도 모른다네."

그는 할 수 없이 다시 마조 화상에게 가서 이 이야기를 전하니, 화상은 이렇게 말했다.

"지장은 머리가 희고 회해는 머리가 검으니 뛰는 놈 위에 나는 놈들이로구나."

第七十三則: 馬祖白黑
[本則] 擧 僧問馬大師: 離四句絶百非 請師直, 指某甲西來意. 馬師云: 我今日勞倦, 不能爲汝說, 問取智藏去. 僧問智藏. 藏云: 何不問和尙? 僧云: 和尙敎來問. 藏云: 我今日頭痛, 不能爲汝說. 問取海兄去. 僧問海兄. 海云: 我到這裏却不會. 僧擧似馬大師. 馬師云: 藏頭白, 海頭黑.

74 밥통을 들고 춤추다

금우 화상은 매일 점심공양 때가 되면 몸소 밥솥을 가지고 승당 앞에서 춤을 추고 크게 웃으며 말했다.

"보살들아, 밥 먹으러 와라."

뒷날 어떤 납자가 장경 화상에게 물었다.

"옛날 금우 화상이 '보살들아, 와서 밥 먹어라'라고 한 뜻이 무엇입니까?"

"그건 재를 올리는 것을 찬탄하는 것과 똑같은 것이네."

第七十四則: 金牛飯桶
[本則] 舉. 金牛和尙, 每至齋時, 自將飯桶, 於僧堂前作舞, 呵呵大笑云: 菩薩子喫飯來. 僧問長慶: 古人道 菩薩子喫飯來. 意旨如何? 慶云: 大似因齋慶讚.

75 주고 빼앗은 몽둥이

한 납자가 정주의 석장 화상 문하에 있다가 오구 화상을 찾아오니 화상이 그에게 물었다.
"정주의 가르침은 이곳과 무엇이 다른가?"
"별로 다르지 않습니다."
"다르지 않다면 그곳으로 다시 가라."
화상은 몽둥이로 그를 한 대 쳤다. 납자는 억울하다는 듯 말했다.
"몽둥이에 눈도 없습니까? 사람을 함부로 쳐서는 안 됩니다."
"오늘은 쓸 만한 놈 한 놈만 친다."
화상은 세 대를 더 쳤다. 납자가 나가려고 하자 화상이 말했다.
"억울하게 얻어맞고 나가는 놈도 있구나!"
이 말에 납자가 몸을 돌리며 말했다.
"몽둥이가 스님에게 있는데 어떻게 하겠습니까?"
"필요하다면 빌려 주겠다."
그가 앞으로 다가와 화상의 손에서 몽둥이를 빼앗아 세 차례 후려쳤다. 화상이 말했다.
"억울한 매야. 억울한 매."
"이미 억울한 매를 매일 맞은 이가 있습니다."
"너는 경솔하게 어른을 치는 놈이구나."
이 말에 납자는 문득 절을 했다. 화상이 말했다.
"이렇게 해놓고도 돌아가려나?"
그가 크게 웃으며 밖으로 나가자 화상이 말했다.
"그럴 듯해. 그럴 듯해."

第七十五則: 烏臼屈棒
[本則] 擧. 僧從定州和尙會裏. 來到烏臼. 烏臼問: 定州法道, 何似這裏? 僧云: 不別. 臼云: 若不別, 更轉彼中去. 便打. 僧云: 棒頭有眼? 不得草草打人. 臼云: 今日打着一箇也. 又打三下. 僧便出去. 臼云: 屈棒元來有人喫在! 僧轉身云: 爭奈杓柄在和尙手裏? 臼云: 汝若要. 山僧回與汝. 僧近前奪臼手中棒. 打臼三下. 臼云: 屈棒屈棒, 僧云: 有人喫在. 臼云: 草草打著箇漢. 僧便禮拜. 臼云: 和尙却恁麽去也? 僧大笑而出. 臼云: 消得恁麽, 消得恁麽.

76 밥은 먹었는가?

단하 화상이 한 납자에게 물었다.
"어느 곳에서 왔는가?"
"산 아래서 왔습니다."
"밥은 먹었는가?"
"먹었습니다."
"너에게 밥을 먹여 준 자는 사람 보는 안목이 있던가?"
그는 아무 말 못했다.
뒷날 장경 화상이 보복 화상에게 이 일을 물었다.
"남에게 밥을 먹여 주었으니 은혜를 베푼 것인데 무엇 때문에 안목을 갖추지 못했다고 했을까?"
"밥을 준 자도 얻어먹은 자도 장님이라는 뜻이겠지."
"있는 힘을 다해 공부를 해도 장님이 되는 건가?"
"나를 두고 장님이란 말인가?"

第七十六則: 丹霞喫飯也未
[本則] 擧. 丹霞問僧: 甚處來? 僧云: 山下來. 霞云: 喫飯了也未? 僧云: 喫飯了. 霞云: 將飯來與汝喫底人, 還具眼麼? 僧無語. 長慶問保福: 將飯與人喫, 報恩有分, 爲什麼不具眼? 福云: 施者受者二俱瞎漢. 長慶云: 盡其機來 還成瞎否? 福云: 道我瞎得麼?

77 호떡

한 수행자가 운문 화상에게 물었다.
"어떤 것이 부처나 조사를 초월하는 말입니까?"
"호떡이다."

第七十七則: 雲門餬餅
[本則] 擧. 僧問雲門: 如何是超佛越祖之談? 門云: 餬餅.

78 물의 성질을 깨닫다

옛날 16명의 보살이 있었다. 그들은 수행자들이 목욕할 시간에 늘 하던 대로 욕실에 들어갔다가 홀연히 물의 인연을 깨달았다.
"모든 선사들이여, 그대들은 이 일을 뭐라고 하겠는가? '묘한 감촉이 또렷하여 크게 깨닫고 부처의 아들이 되었다'는 뜻을 알겠는가? 모름지기 그것 또한 끊어야만 비로소 그처럼 터득했다고 할 수 있으리라."

第七十八則: 開士悟水因
[本則] 擧. 古有十六開士, 於浴僧時, 隨例入浴, 忽悟水因. 諸禪德, 作麼生會? 他道 妙觸宣明. 成佛子住? 也須七穿八穴始得.

물은 본래 형체가 없는 것으로 공이며 그것으로 씻는 나 또한 참다운 나는 없는 것이니 실체는 어디도 없다. 씻을 번뇌도 얻을 깨달음도 없는 것이다.

79 부처의 소리

어떤 납자가 투자 화상에게 물었다.
"모든 소리가 부처님의 소리라는데 정말로 그렇습니까?"
"그렇다네."
"그러면 화상께서 방귀 뀌는 소리나 그릇에 물 따르는 소리도 부처의 소리입니까?"
화상은 그를 한 대 때렸다. 그가 또 물었다.
"거친 말이나 조잡한 말도 다 진리에 귀결된다는데 정말로 그렇습니까?"
"그렇지."
"그러면 화상을 당나귀라 불러도 되겠습니까?"
화상은 또 그를 한 대 때렸다.

第七十九則: 投子一切佛聲
[本則] 擧. 僧問投子: 一切聲是佛聲, 是否? 投子云: 是. 僧云: 和尙 莫屎沸碗鳴聲? 投子便打. 又問: 麤言及細語, 皆歸第一義, 是否? 投子云: 是. 僧云: 喚和尙作一頭驢得麽? 投子便打. 豕

80 갓난아기의 6식

한 납자가 조주 화상에게 물었다.
"갓난아기도 여섯 가지 식(六識)을 갖추고 있습니까?"
"센 물살에서 공을 치는 것이지."

뒷날 그가 다시 투자 화상에게 같은 질문을 하자 화상은 이렇게 설명했다.
"순간순간이 멈추지 않고 흘러가는 것이라네."

第八十則: 趙州孩子六識
[本則] 擧. 僧問趙州: 初生孩子, 還具六識也無? 趙州云: 急水上 打毬子. 僧復問投子: 急水上打毬子, 意旨如何? 子云: 念念不停流.

81 고라니를 맞히는 법

어떤 납자가 약산 화상에게 물었다.
"이 평전사의 널찍한 초원에 고라니와 사슴이 무리를 잇는데, 어떻게 하면 고라니 중의 왕 고라니를 쏠 수 있습니까?"
"화살이다!"
이 말에 납자는 그 자리에서 풀썩 쓰러졌다. 화상이 이를 보고 말했다.
"시자야, 이 죽은 놈을 끌어내라."
그가 도망을 치자 화상이 말했다.
"저런 엉터리 같은 놈, 저런 놈을 상대하자면 끝이 없지."

第八十一則: 藥山塵中塵
[本則] 擧. 僧問藥山: 平田淺草, 塵鹿成群, 如何射得塵中塵? 山云: 看箭. 僧放身便倒. 山云: 侍者, 拖出這死漢. 僧便走, 山云: 弄泥團漢, 有什麼限.

82 견고한 법신

한 납자가 대룡 화상에게 물었다.

"이 몸은 색신이라 썩어 없어지는데 어떤 것이 무너지지 않는 견고한 법신입니까?"

"산에 핀 꽃은 비단 같이 곱고, 골짜기에 흐르는 물은 쪽빛처럼 맑구나."

第八十二則: 大龍堅固法
[本則] 擧. 僧問大龍: 色身敗壞, 如何是堅固法身? 龍云: 山花開似錦, 澗水湛如藍.

83 옛부처와 기둥

운문 화상이 하루는 대중에게 이렇게 말했다.

"법당 안의 옛 부처와 기둥이 사이좋게 지내는데 이것은 어떤 소식인지 알겠는가?"

대중이 말이 없자 운문이 스스로 말했다.

"남산에 구름이 일어나니 북산에 비가 내리도다."

第八十三則: 雲門古佛露柱
[本則] 擧. 雲門示衆云: 古佛與露柱相交? 是第幾機. 自代云: 南山起雲, 北山下雨.

84 불이법문 (不二法門)

유마거사가 문수보살에게 물었다.
"보살이 불이문(둘이 아닌 경지)에 들어가는 것은 어떤 것입니까?"
"모든 존재란 말로 설명할 수도 없고, 나타낼 수도 없으며 알려 줄 수도 없습니다. 모든 문답을 떠난 그것이 둘이 아닌 경지에 들어가는 것이라고 생각합니다."
이렇게 대답한 문수가 이번에는 유마에게 물었다.
"제 견해는 그렇습니다. 이제는 당신이 말할 차례입니다. 무엇이 보살이 불이법문에 들어가는 것입니까?"

第八十四則: 維摩不二法門
[本則] 擧. 維摩詰, 問文殊師利: 何等是菩薩, 入不二法門? 文殊曰: 如我意者, 於一切法, 無言無說, 無示無識. 離諸問答, 是爲入不二法門. 於是, 文殊師利, 問維摩詰: 我等各自說已. 仁者當說, 何等, 是菩薩入不二法門?

85 호랑이를 만난다면

한 스님이 동봉암주의 암자를 찾아와 물었다.
"여기서 갑자기 호랑이를 만난다면 어떻게 하겠습니까?"
암주가 '어흥!' 하고 호랑이 소리를 내자 선객은 겁먹은 시늉을 하였다. 이에 암주는 껄껄 웃으니 그 선객이 대들었다.
"이 늙은 도적아!"
"네가 늙은 나를 어찌 하겠느냐?"
선객은 잠자코 사라졌다.

第八十五則: 桐峰庵主作虎聲
[本則] 擧. 僧到桐峰庵主處, 便問: 這裏忽逢大蟲時, 又作麼生? 庵主便作虎聲. 僧便作怕勢. 庵主呵呵大笑. 僧云: 這老賊! 庵主云: 爭奈老僧何? 僧休去.

86 부엌과 삼문

운문 화상이 어느 날 법문을 했다.
"사람마다 모두 광명을 가지고 있지만 그것을 보려고 하면 보이지 않고 캄캄하다. 그렇다면 어떤 것이 그대들의 광명인가?"
아무도 말이 없자 스스로 말했다.
"그것은 부엌과 삼문이니라."
그리고 한마디 덧붙였다.
"좋은 일도 없는 것만은 못하니라."

第八十六則: 雲門廚庫三門
[本則] 擧. 雲門垂語云: 人人盡有光明在. 看時不見, 暗昏昏. 作麼生是諸人光明? 自代云: 廚庫三門. 又云; 好事不如無.

87 약과 병

운문 화상이 대중 법문을 했다.
 "약은 병을 고치지만 병은 약을 다스리는 것이지. 내가 보니 온 세상이 다 약이니 도대체 그대들은 무엇을 자기라 하겠는가?"

第八十七則: 雲門藥病相治
[本則] 擧. 雲門示衆云: 藥病相治. 盡大地是藥, 那箇是自己?

88 세 가지 병

현사 화상이 대중들에게 말했다.
"곳곳의 선지식들이 모두 사람을 제접하고 중생을 이롭게 한다 하나 갑자기 세 명의 장애인이 찾아오면 어떻게 제도하겠는가? 눈먼 사람에게는 쇠몽둥이를 들거나 불자를 세워도 보지 못하며 귀가 먼 사람은 일체의 언설삼매를 말해도 듣지 못한다. 또 벙어리에게는 말을 시켜도 말하지 못한다. 그렇다면 이들을 어떻게 제도해야 하는가? 만약 이들을 제도하지 못한다면 불법은 영험이 없는 것이 될 것이다."

이 말을 듣고 어떤 남자가 운문 화상에게 어떻게 해야 되느냐면서 가르침을 청했다.
"나에게 절을 해보라."
화상은 그에게 절을 시킨 뒤 그가 일어나는 것을 주장자로 밀치려 했다. 그가 뒤로 물러나자 화상이 말했다.
"너는 눈이 멀지는 않았구나."
화상은 이번에는 그를 가까이 오라고 했다. 그가 다가오자 화상이 말했다.
"말을 알아들으니 귀도 멀지 않았구나."
화상이 물었다. "이제 알아들었는가?"
"모르겠습니다."
"말도 할 줄 아니 벙어리도 아니구나."
그는 순간 깨달았다.

第八十八則: 玄沙三病
[本則] 擧. 玄沙示衆云: 諸方老宿, 盡道接物利生, 忽遇三種病人來, 作麽生接? 患盲者, 拈鎚竪拂, 他又不見, 患聾者, 語言三昧, 他又不聞, 患啞者, 敎伊說, 又說不得. 且作麽生接? 若接此人不得, 佛法無靈驗. 僧請益雲門. 雲門云: 汝禮拜著. 僧禮拜起. 雲門以拄杖挃. 僧退後. 門云: 汝不是患盲. 復喚近前來, 僧近前. 門云: 汝不是患聾. 門乃云: 還會麽? 僧云: 不會. 門云: 汝不是患啞. 僧於此省.

89 관음의 천수천안

운암이 도오에게 물었다.
"관세음보살은 수많은 손과 눈으로 무엇을 하는지요?"
"그것은 어떤 사람이 자다가 한밤중에 베개를 더듬어 찾는 것과 같이 쓰겠지."
"알겠습니다."
"무엇을 알았다는 것이냐?"
"온몸에 손과 눈이 달렸단 뜻입니다."
"그럴 듯하다만 그것은 열이면 겨우 여덟을 안 것이다."
"그러면 사형은 뭐라고 하겠습니까?"
"온몸이 손이요, 눈이다."

第八十九則: 雲巖大悲手眼
[本則] 擧. 雲巖問道吾: 大悲菩薩, 用許多手眼作什麼? 吾云: 如人夜半背手摸枕子. 巖云: 我會也. 吾云: 汝作麼生會? 巖云: 遍身是手眼. 吾云: 道卽太殺道 只道得八成. 巖云: 師兄作麼生? 吾云: 通身是手眼.

90 반야의 본체

어떤 납자가 지문 화상에게 물었다.
"반야의 본체란 어떤 것입니까?"
"조개가 밝은 달을 머금은 것이다."
"그러면 반야의 쓰임새는 무엇입니까?"
"토끼가 새끼를 밴 것이다."

第九十則: 智門般若體
[本則] 擧. 僧問智門: 如何是般若體? 門云: 蚌含明月. 僧云: 如何是般若用? 門云: 兎子懷胎.

91 무소뿔 부채

염관 화상이 어느 날 시자를 부르더니 이렇게 말했다.
"내가 쓰던 그 무소뿔 부채를 가져오너라."
"그 부채는 다 망가져 버렸습니다."
"부채가 망가졌다면 무소라도 가져오라."
시자는 아무 대답을 못했다.
뒷날 투자 화상이 이 이야기를 듣고 자신이라면 이렇게 했을 것이라고 했다.
"사양치 않고 가져다 드리겠습니다. 다만 뿔이 온전치 못할까 염려스러울 뿐입니다."
또 석상 화상은 이렇게 했을 것이라 했다.
"스님에게 드리려 했는데 없습니다."
한편 자복 화상은 일원상(동그라미)을 그리고 그 가운데 소우(牛)자를 써넣었다.
또 보복 화상은 이렇게 했을 것이라고 했다.
"노화상께서는 나이가 많아 모시기 어려우니 다른 시자를 시키시지요."

第九十一則: 鹽官犀牛扇子
[本則] 擧. 鹽官, 一日, 喚侍者: 與我將犀牛扇子來. 侍者云: 扇子破也. 官云: 扇子既破, 還我犀牛兒來. 侍者無對. 投子云: 不辭將出, 恐頭角不全. 石霜云: 若還和尙卽無也. 資福畫一圓相, 於中書一牛字. 保福云: 和尙年尊, 別請人好.

92 세존이 법상에 올라

세존께서 법좌에 올라 설법하려고 할 때였다. 문수보살이 법회가 끝났음을 알리는 백퇴를 치며 이렇게 말했다.

"법왕의 법을 잘 살펴보았는가? 법왕의 법은 이와 같다."

그러자 세존께서는 곧 법좌에서 내려오셨다.

第九十二則: 世尊陞座
[本則] 擧. 世尊, 一日, 陞座. 文殊白槌云: 諦觀法王法? 法王法如是. 世尊便下座.

93 대광이 춤을 추다

한 납자가 대광 화상에게 물었다.
"예전 금우 화상이 공양 때 춤을 춘 일에 대해 장경 화상이 '그것은 재를 올릴 때 축하하는 일'이라 했는데 그 뜻이 무엇입니까?"
화상은 대답 대신 일어나 춤을 추었다. 그러자 그가 절을 올렸다.
"너는 무엇을 알았기에 절을 하느냐?"
납자는 대답 대신 일어나 춤을 추었다. 화상은 그를 꾸짖었다.
"이 여우 귀신아!"

第九十三則: 大光作舞
[本則] 擧. 僧問大光: 長慶道, 因齋慶讚, 意旨如何? 大光作舞. 僧禮拜. 光云: 見箇什麼, 便禮拜? 僧作舞. 光云: 這野狐精.

94 보지 않는 곳

『능엄경』에 이런 말이 있다.

"내가 보지 않을 때 그대는 왜 내가 보지 않는 곳을 보지 못하느냐? 만약 내가 보지 않는 것을 본다면 자연 여래가 보지 않는 모습이 아닐 것이다. 만일 내가 보지 않는 곳을 보지 못한다면 결코 물질이 아닐 것이다. 그러니 어찌 네가 아니겠느냐?"

第九十四則: 楞嚴不見處
[本則] 擧. 楞嚴經云: 吾不見時, 何不見吾不見之處? 若見不見, 自然非彼不見之相. 若不見吾不見之地, 自然非物. 云何非汝?

95 여래의 말씀

어느 날 장경 화상이 이렇게 말했다.

"아라한에게 탐욕과 분노와 우치의 세 가지 독이 있다고 할지언정 여래가 진실한 말과 방편의 말 두 가지로 말했다고 해서는 안 된다. 여래께서 아무 말도 하지 않았다는 것이 아니라 두 가지 말을 안 하셨다는 것이다."

이에 보복 화상이 물었다.

"그러면 어떤 것이 여래의 말씀입니까?"

"귀머거리가 어떻게 들을 수 있겠는가?"

"그대가 진실의 차원이 아니라 방편의 차원에서 한 말이라는 것을 알겠네."

"그러면 스님은 어떤 것이 여래의 말이라고 생각하시오?"

"차나 한 잔 마시게."

第九十五則: 保福喫茶去
[本則] 擧. 長慶有時云: 寧說阿羅漢有三毒 不說如來有二種語. 不道如來無語. 只是無二種語. 保福云: 作麼生是如來語? 慶云: 聾人爭得聞? 保福云: 情知爾向第二頭道. 慶云: 作麼生是如來語? 保福云: 喫茶去.

96 흙불상, 금불상, 나무불상

조주 화상이 대중의 심기를 일전하기 위해 이렇게 말했다.
 "흙으로 빚은 불상은 물을 건너지 못하고, 금으로 만든 불상은 용광로의 뜨거움을 견디지 못하며, 나무로 만든 불상은 불을 지나가지 못하네."

第九十六則: 趙州三轉語
[本則] 擧. 趙州示衆三轉語: 泥佛不渡水, 金佛不渡鑪, 木佛不渡火.

97 금강경을 읽으면

'금강경'에 이런 말이 있다.

"만약 금강경을 독송하는데도 다른 이들로부터 업신여김과 천대를 받는 이가 있다면 이는 그가 전생에 지은 죄업 때문이다. 그는 마땅히 악도에 떨어져야 하나 금생에 사람으로 태어나 사람들에게 업신여김과 천대를 받는 것이다. 그러나 이로 인해 그의 전생의 죄업이 말끔히 소멸되리라."

第九十七則: 金剛經罪業消滅
[本則] 擧. 金剛經云: 若爲人輕賤, 是人先世罪業, 應墮惡道, 以今世人輕賤故, 先世罪業, 則爲消滅.

98 두 번이나 틀렸다고 말하다

천평 화상이 행각할 시절 서원 화상을 찾아갔다.
"불법을 안다고 말하지 말라. 그런 말할 놈은 찾아봐도 없구나."
하루는 서원 화상이 멀리서 천평을 불렀다.
"여보게, 종의."
천평이 머리를 들자 서원 화상이 말했다.
"틀렸네."
천평이 두세 걸음 걸어가자 서원 화상이 다시 말했다.
"또 틀렸다네."
천평이 서원 화상 앞으로 다가서자 화상이 물었다.
"좀 전에 내가 두 번 '틀렸다'고 했는데 내가 틀렸냐 네가 틀렸냐?"
"내가 틀렸네."
"그것도 틀렸네."
천평이 떠나려 하자 서원 화상이 그를 말렸다.
"우선 여기서 여름 안거를 하면서 '두 번이나 틀렸다'는 뜻을 헤아려 보세."
하지만 천평은 바로 떠나 가버렸다. 그러나 훗날 천평은 말했다.
"그곳을 떠나 남방으로 가면서 '틀렸다'고 말해 준 뜻을 알았다네."

第九十八則: 天平兩錯
[本則] 擧. 天平和尚, 行脚時, 參西院. 常云: 莫道會佛法. 覓箇擧話人也無. 一日西院, 遙見召云: 從漪. 平擧頭, 西院云: 錯. 平行三兩步, 西院又云: 錯. 平 近前, 西院云: 適來這兩錯, 是西院錯, 是上座錯? 平云: 從漪錯. 西院云: 錯. 平休去, 西院云: 且在這裏過夏, 待共上座, 商量這兩錯. 平當時便行. 我發足向南方去時, 早知道錯了也.

99 조어장부

당나라 숙종 황제가 혜충국사에게 물었다.
"여래에게는 열 가지 이름이 있다는데 그중에 '조어장부'란 무슨 뜻이오?"
"폐하께서는 부처의 머리를 밟고 가십시오."
"무슨 뜻인지 이해하지 못하겠소."
"스스로를 청정법신의 부처라고 여기지 마소서."

第九十九則: 肅宗十身調御
[本則] 擧. 肅宗帝問忠國師: 如何是十身調御? 國師云: 檀越踏毘盧頂上行. 帝云: 寡人不會. 國師云: 莫認自己清淨法身.

100 취모검

어떤 납자가 파릉에게 물었다.
"어떠한 것이 미세한 털도 자른다는 취모검입니까?"
"산호가지 끝마다 달이 걸려 있구나."

第一百則: 巴陵吹毛劍
[本則] 擧. 僧問巴陵: 如何是吹毛劍? 陵云: 珊瑚枝枝撐著月.

자네 밥은 먹었는가?
- 카툰으로 읽는 벽암록 -

글·그림: 배종훈
감수: 옥당 일휴

2006. 9. 1. 첫판 박음
2006. 9. 7. 첫판 펴냄

펴낸곳: **정우서적**
펴낸이: 이성운

등록: 1992년 5월 16일 제 2-1373호
서울. 종로구 원서동 96. (202호)
전화: 02/765-2920, 팩스:766-2920
http://blog.naver.com/jabidj
e-mail: jabidj@korea.com

정가: 8,000원
〔잘못된 책은 바꾸어 드립니다〕

ISBN 89-8023-109-1 03220

인식의 지평을 넓혀 주는 정우서적의 책들

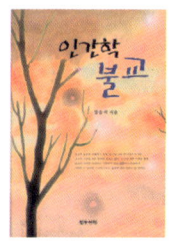

인간학 불교

인간의 존재와 고뇌를 분석하고 파악하여 그 해결책을 제시하는 불교는 인간학이다. 본서는 주요 경론과 기사를 적절히 활용하여 불교의 주요 개념을 명료하게 설명하며, 불교가 추구하는 인간 완성의 길을 8정도와 6바라밀에서 찾아 구체적이고 현실감 있게 제시하고 있다.

(정승석, 사륙판 238쪽, 8,000원)

불교란 무엇인가: 앎의 교리 삶의 관찰

본서는 '불교란 무엇인가'라는 가장 일반적이면서도 본질적인 물음에 대해 포괄적이면서도 알기 쉽게 풀어냈다. 본서는 한해 52주 52개의 주요 앎과 삶에 대한 관찰을 통해 소통의 길을 찾아 제시하고 해설해 주며, 불교의 지향은 바로 '앎의 해방'과 '삶의 해탈'에 있다고 강조하고 있다.

(고영섭, 신국판 218쪽, 10,000원)

을유불교산책: 깨달음에서 지혜로

을유년 한 해 동안 불교신문에 인도불교와 주변국가에서 전개된 대·소승 분열, 유식, 반야 등 주요 개념과 역사를 입체적이고 생동감 있게 짚어 가며 연재하였던 것을 모았다. 깨달음에서 지혜라는 부제에서 보여지듯 이제 불교는 구체적인 지혜의 실천으로 나아가야 한다고 말하고 있다.

(이태승, 사륙판 206쪽, 7,000원)

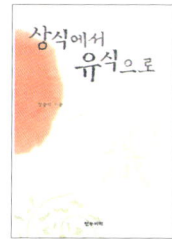

상식에서 유식으로

상식에서 유식으로 나아간다는 것은 상식적인 언어로 유식학의 언어를 이해한다는 것이고 유식학의 언어를 상식적인 언어로 전환하는 것이기도 하다. 본서는 상식을 유식으로, 유식을 상식으로 끌어내려 난해하다고 알려진 유식학을 일상의 언어로 컷을 곁들여 알기 쉽게 설명하고 있다.

(정승석, 사륙판 270쪽, 7,000원)

인식의 지평을 넓혀 주는 정우서적의 책들

삶과 초월의 미학: 불화 상징 바로 읽기

불화에는 어떤 의미가 들어 있을까. 본서는 불상 뒷면의 후불탱화와 벽화에 대한 궁금증을 속 시원히 풀어 주고 있다. 불교미술의 이해를 비롯하여 한국의 불화, 불화에 그려진 각각의 존상에 대한 설명의 불화도상론, 불교설화를 바탕으로 그려진 불교벽화론으로 짜여져 있다.

(최성규, 사륙원색판 267쪽, 12,000원)

한국불교융통사: 한국불교의 새인식

한국불교에는 불타의 본회本懷인 교와 선, 염불과 송주가 회통된 원융불이의 묘법妙法이 오롯이 살아 있다는 있다는 관점에서 서술된 정통한국불교통사. 원효의 화쟁, 태고 보우의 원융, 서산의 구국, 근대의 현실 참여에 이르기까지의 한국불교를 융통이라는 말로 정리하고 있다.

(정태혁, 신국판 423쪽, 15,000원)

우리 불학의 길: 순수학과 응용학의 중도적 회통

불학과 불교학은 둘이 아니며, 새로운 불교학은 씨줄인 불학(붓다에 대한 연구) 및 순수학과 날줄인 불교학(붓다의 가르침에 대한 연구) 및 응용학이 건강하게 만나는 것이라고 하는 본서에서는, '늘 깨어있는 자세로 임하는 물음이자 배움'이라는 중도의 불교학이 모색되고 있다.

(고영섭, 신국판 286쪽, 12,000원)

금강대승밀교총설

본서는 인도에서 불교의 종언 이후 티베트로 옮겨가서 다양하게 꽃피워진 불교의 열매라 불리는 밀교의 역사와 교리에 따른 주요 경을 번역하고 있으며, 밀교 신앙의 근간이 되는 진언 수행 등에 대해 상세히 풀어내고 있다. 저자의 『정통밀교』를 보완 증보한 것으로 노학자의 안목이 빛난다.

(정태혁, 신국판 443쪽, 18,000원)